LO QUE HACEN LOS CARTEROS
WHAT MAIL CARRIERS DO

What Does a Community Helper Do? Bilingual

Lisa Trumbauer

Words to Know

address—The name of a person, street, town, state, and zip code on a letter that tells mail carriers who gets the letter. Also, to write down directions for delivery.

deliver—To bring mail from the post office to a person's home.

route—A regular way of traveling. A mail carrier travels the same way everyday.

sort—To put the mail together in a certain way.

worker—A person who does a job.

ZIP code—A number of five digits that tells mail carriers where a letter is going.

Palabras a conocer

clasificar—Agrupar el correo en un orden determinado.

el código postal—Un número de cinco dígitos que le informa al cartero a donde va una carta.

la dirección—Es el nombre de la persona, la calle, la ciudad, el estado y el código postal en una carta, que indican al cartero quién debe recibir esa carta.

entregar—Llevar el correo desde la oficina postal a la casa de una persona.

la ruta—El recorrido que se sigue normalmente. El cartero recorre la misma ruta cada día.

el trabajador—La persona que realiza una labor.

Enslow Elementary

an imprint of

E **Enslow Publishers, Inc.**
40 Industrial Road
Box 398
Berkeley Heights, NJ 07922
USA
http://www.enslow.com

Contents/Contenido

You can mail a card to a friend.

Tú puedes enviar una tarjeta por correo a un amigo.

Making a Card

It is a special day. You made a card, but your friend lives in another town. How can you get the card to your friend? You can mail it!

• •

Cómo escribir una tarjeta

Éste es un día especial. Tú escribiste una tarjeta, pero tu amigo vive en otra ciudad. ¿Cómo puedes hacerle llegar la tarjeta a tu amigo? ¡Tú la puedes enviar por correo!

Going to the Mailbox

Put your card in the mailbox. A mail carrier will pick up your card. The mail carrier will take it to the post office. Workers there will sort the mail by ZIP code. Every town has a ZIP code. This number tells the workers where the mail goes.

• •

Ir al buzón

Pon tu tarjeta en el buzón. Un cartero recogerá la tarjeta. El cartero la llevará a la oficina postal. Allí los trabajadores clasificarán el correo según el código postal. Cada ciudad tiene un código postal. Este número informa a los trabajadores a dónde va el correo.

This worker **sorts** mail at the post office.

Esta trabajadora **clasifica** el correo en la oficina postal.

Where Does Mail Go?

Your card goes to the post office near where your friend lives. A worker there sorts the mail by streets. Then the mail carrier **delivers** the card.

• •

¿Adónde va el correo?

Tu tarjeta va a la oficina postal cercana a donde vive tu amigo. Un trabajador de allí clasifica el correo según las calles. Después el cartero **entrega** la tarjeta.

Mail carriers pick up mail at mailboxes.

Los carteros recogen el correo en los buzones.

Every Town Has a Mail Carrier

Every town has at least one mail carrier. A big city has many. Some mail carriers empty mailboxes. They take the mail to the post office. Other mail carriers carry heavy bags. Their bags are full of mail. They walk with their bags to deliver the mail.

- -

Cada ciudad tiene un cartero

Cada ciudad tiene al menos un cartero. Una ciudad grande tiene muchos. Algunos carteros vacían los buzones. Ellos llevan el correo a la oficina postal. Otros carteros cargan bolsas pesadas. Sus bolsas están llenas de correo. Ellos van con sus bolsas entregando el correo.

Mail carriers drive special mail trucks.

Los carteros conducen camiones de correo especiales.

What Does a Mail Carrier Drive?

In smaller towns, mail carriers might drive a mail truck. They load the mail into the truck. Then they drive from home to home. They drive to stores and businesses, too. They put the mail in mailboxes.

¿Qué conduce el cartero?

En los pueblos pequeños los carteros pueden manejar un camión de correo. Ellos cargan el correo en el camión. Después ellos van de casa en casa. También ellos van a tiendas y oficinas. Ellos colocan el correo en los buzones.

This mail carrier drives his own car to deliver mail.

Este cartero conduce su propio automóvil para entregar el correo.

Towns in the country may only have one mail carrier. The mail carrier might drive a mail truck. Or the mail carrier might drive his or her own car.

· ·

Los pueblos en el campo pueden tener un solo cartero. El cartero puede conducir un camión de correo. O ellos pueden conducir su propio automóvil.

Mail carriers deliver mail in all kinds of weather.

Los carteros entregan el correo bajo cualquier condición del tiempo.

When Do Mail Carriers Work?

Mail carriers work almost every day. They deliver the mail on sunny days and rainy days. They deliver the mail on snowy days.

. . . .

¿Cuándo trabajan los carteros?

Los carteros trabajan casi todos los días. Ellos entregan el correo en días soleados y en días lluviosos. Ellos entregan el correo en días cuando está nevando.

Mail carriers know towns well.

Los carteros conocen bien las ciudades.

Mail Carriers and Their Towns

Mail carriers must know their town very well. They drive the same **route** every day. They know the names of the streets. They know the names of many people on their routes.

• •

Los carteros y sus ciudades

Los carteros tienen que conocer muy bien su ciudad. Ellos conducen por la misma **ruta** cada día. Ellos saben los nombres de las calles. Ellos saben los nombres de muchas de las personas que están en su ruta.

Mail carriers deliver mail to many people and places.

Los carteros entregan correo a muchas personas y en muchos lugares.

Delivering the Mail

Mail carriers around the world help people. They deliver letters and packages. They also deliver newspapers and catalogs. They even deliver birthday cards!

. . . .

Entregando el correo

En todo el mundo los carteros ayudan a las personas. Ellos entregan cartas y paquetes. También entregan periódicos y catálogos. ¡Ellos incluso entregan tarjetas de cumpleaños!

How to Address an Envelope

Would you like to send a letter to your friend? You will need to know how to address an envelope. An address helps mail carriers deliver mail to the right person.

You will need:
- your friend's address
- your address
- a piece of paper, 8-1/2 x 11 inches
- an envelope
- a stamp
- a pencil or pen

On the piece of paper:
1. Write a letter to your friend.
2. Fold it neatly so it fits inside the envelope.
3. Be sure to seal the envelope.

On the envelope:
Hint: Write in pencil first. If you make a mistake you can erase it and then fix it. You can go over the pencil with a pen.

1. Write your friend's name in the center of the envelope. Be sure to write their first name and last name.
2. Write the street your friend lives on under the name.
3. Write the city, state, and ZIP code under the street.
4. In the top left corner, write your name and address.
5. Ask the adults you live with for a stamp.
6. Place the stamp in the top right corner of the envelope.

Now you can write letters and mail them to your friends and family!

Cómo dirigir un sobre

¿Te gustaría enviar una carta a tu amigo? Tú necesitarás saber cómo dirigir el sobre. La dirección ayuda a los carteros a entregar el correo a la persona correcta.

Tú necesitarás:
- la dirección de tu amigo
- tu dirección
- un pedazo de papel de 8-1/2 x 11 pulgadas
- un sobre
- una estampilla
- un lápiz o pluma

Sobre el papel:
1. Escribe una carta a tu amigo.
2. Dóblala con cuidado para que entre dentro del sobre.
3. Asegúrate de cerrar bien el sobre.

En el sobre:
Sugerencia: Escribe primero con lápiz. Si te equivocas puedes borrar y después arreglarlo. Luego, tú puedes pasar una pluma por encima del lápiz.

1. Escribe el nombre de tu amigo en el centro del sobre. Asegúrate que escribes su nombre y su apellido.
2. Escribe la calle en que vive tu amigo debajo de su nombre.
3. Escribe la ciudad, estado y código postal debajo de la calle.
4. En la esquina superior izquierda escribe tu nombre y tu dirección.
5. Pídele a los adultos con los que vives una estampilla.
6. Pega la estampilla en la esquina superior derecha del sobre.

¡Ahora ya tú puedes escribir cartas y enviarlas a tus amigos y familiares!

Learn More / Más para aprender

Books / Libros

In English / En inglés

Flanagan, Alice K. *Letter Carriers.* Minneapolis, Minn.: Compass Point Books, 2000.

Macken, JoAnn Early. *Mail Carrier.* Milwaukee, Wisc.: Weekly Reader Early Learning Library, 2003.

In Spanish / En español

Ready, Dee. *Carteros.* Mankato, Minn.: Bridgestone Books, 1999.

Internet Addresses / Direcciones de Internet

In English / En inglés

National Postal Museum: Activity Zone
<http://www.postalmuseum.si.edu/>
Click on Activity Zone to find fun stuff to do.

United States Postal Service
<http://www.usps.com/>
Find a ZIP code and check out new stamps at this site.

Index

Índice

● ●

Note to Teachers and Parents: The *What Does a Community Helper Do?* series supports curriculum standards for K–4 learning about community services and helpers. The Words to Know section introduces subject-specific vocabulary. Early readers may require help with these new words.

Series Literacy Consultant:
Allan A. De Fina, Ph.D.
Past President of the New Jersey Reading Association
Professor, Department of Literacy Education
New Jersey City University

● ●

Enslow Elementary, an imprint of Enslow Publishers, Inc.

Enslow Elementary® is a registered trademark of Enslow Publishers, Inc.

Bilingual edition copyright 2008 by Enslow Publishers, Inc. Originally published in English under the title *What Does a Mail Carrier Do?* © 2005 by Enslow Publishers, Inc. Bilingual edition translated by Eloísa X. Le Riverend, edited by Susana C. Schultz, of Strictly Spanish, LLC.

Copyright © 2008 by Enslow Publishers, Inc.

Library of Congress Cataloging-in-Publication Data

Trumbauer, Lisa, 1963–
    [What does a mail carrier do? Spanish & English]
        Lo que hacen los carteros = What mail carriers do / Lisa Trumbauer.
            — Bilingual ed.
        p. cm. — (What does a community helper do? bilingual)
    Includes bibliographical references (p.) and index.
    ISBN-13: 978-0-7660-2827-2
    ISBN-10: 0-7660-2827-5
        1. Letter carriers—Juvenile literature. I. Title. II. Title: Que hacen los carteros. III. Title: What mail carriers do.
    HE6241.T7818 2005
    383'.145—dc22   2006019233

Printed in the United States of America

10 9 8 7 6 5 4 3 2 1

To Our Readers:

We have done our best to make sure all Internet Addresses in this book were active and appropriate when we went to press. However, the author and the publisher have no control over and assume no liability for the material available on those Internet sites or on other Web sites they may link to. Any comments or suggestions can be sent by e-mail to comments@enslow.com or to the address on the back cover.

Every effort has been made to locate all copyright holders of material used in this book. If any errors or omissions have occurred, corrections will be made in future editions of this book.

Illustration Credits: Associated Press, p. 10; Associated Press, Salina Journal, p. 16; Associated Press, Telegraph Herald, p. 14; Corel Corporation, p. 1 (tree background); Enslow Publishers, Inc., p. 22; Hemera Technologies, Inc. 1997–2000, pp. 2, 15, 20; Dwight Kuhn, p. 6; Lawrence Migdale, pp. 4, 12; Photri/Macdonald, p. 18; Punchstock, p. 1 (mail carrier); Star Ledger photo by Warren S. Westura, p. 8.

Cover Illustration: Punchstock (mail carrier), Corel Corporation (tree background); top left to right (Associated Press; Lawrence Migdale; Associated Press, Telegraph Herald; Photri/Macdonald.).